El oído

Ilustrado por Sophie Kniffke
Realizado por Gallimard Jeunesse,
Claude Delafosse y Sophie Kniffke
Traducción: Paz Barroso

sm saber/M U N D O   M A R A V I L L O S O

Tienes dos oídos, uno a cada lado de tu cabeza.
La parte del oído que puedes ver son las orejas.

Puedes cerrar la boca y los ojos.
Pero no puedes cerrar los oídos.

Gracias a tus oídos,
puedes percibir todo tipo de sonidos.

Las orejas de los animales
no tienen la misma forma que las nuestras.

El animal
con las orejas
más grandes
es el elefante
africano.

Las orejas
del ratón
son redonditas.

El burro y el conejo
pueden mover
sus grandes
orejas.

Las de
las aves
y los peces
no se ven.

Las orejas
de los gatos
se mueven
para
captar mejor
los sonidos.

También te indican
de qué humor están.

A través de tus oídos, llegan hasta
tu cerebro todos los sonidos.
Tu cerebro los reconoce.

En el silencio
puedes distinguir
un ruido muy leve.

Pero cuando hay mucho ruido,
todos los sonidos se mezclan.

Hay sonidos
agradables...

... y ruidos
muy desagradables.

Oyes algunos sonidos sin prestarles atención.

El despertador

El viento

La lluvia

El avión

Los coches

El timbre

Escuchas otros sonidos con atención.

La música

La maestra

El canto del ave

La canción

Las primeras
palabras del bebé

El crepitar
del fuego

Estos ruidos son muy tenues:

El chillido
del ratón

El vuelo
de una mariposa

El rumor de
una hoja que cae

Estos ruidos son muy fuertes:

El trueno

El barrito
del elefante

La bocina
de un camión

Hay sonidos agudos y sonidos graves.

Puedes grabar
sonidos
con un casete...

... y luego puedes escucharlos otra vez.

Tu cerebro recuerda
sonidos que ha oído
hace tiempo.

Cuando oyes el mar
en una caracola, te acuerdas
de tus vacaciones en la playa.

Los niños
aprenden
a hablar
oyendo
a sus padres
repetir
palabras.

¡papá!

El bebé
reconoce la voz
de sus padres
a los pocos
días de nacer.

Tu oído
puede avisarte
de un
peligro.

Pablo ha oído
que venía un coche
detrás de él.
Así que se ha pegado
a la derecha de la carretera.

Algunos animales oyen sonidos
que los hombres
no podemos percibir.

El murciélago,
el delfín y el perro
oyen sonidos
muy agudos.

El saltamontes y el grillo oyen por las patas.

El elefante oye sonidos muy graves.

La rana
reconoce el croar
de las demás ranas.

¿Sabes cuáles son los cinco sentidos?

Por el oído oyes el canto del cuco.

Por el olfato percibes
el olor de las setas.

Por el gusto percibes
el sabor de la frambuesa.

Por la vista ves
cómo tiemblan las hojas
con el viento.

Por el tacto sabes
que el musgo
es muy suave.

MUNDO MARAVILLOSO

MUNDO MARAVILLOSO ARTE

MUNDO MARAVILLOSO DIBUJO

MUNDO MARAVILLOSO CUENTOS

Título original: *Le ouïe*
© Éditions Gallimard, 1992
© Ediciones SM, 1996
    Joaquín Turina, 39 - 28044 Madrid
Comercializa: CESMA, S.A. - Aguacate, 43 - 28044 Madrid
ISBN: 84-348-5096-6
Fotocomposición: Grafilia, S.L.
Impreso en Italia / *Printed in Italy*

Segunda edición: marzo 1999